Société d'Agriculture de la Haute-Garonne.

ÉLOGE

DE

M. THÉRON DE MONTAUGÉ

Lauréat de l'Institut,
Membre correspondant de la Société centrale d'agriculture de France,
Membre de l'Académie des sciences de Toulouse
et de la Société d'agriculture de la Haute-Garonne,

PAR

M. le Chanoine DUILHÉ DE SAINT-PROJET

LAURÉAT DE L'INSTITUT, ETC.

TOULOUSE
IMPRIMERIE LOUIS ET JEAN-MATTHIEU DOULADOURE
39, RUE SAINT-ROME, 39.
—
1876

ÉLOGE

M. DE THÉRON DE MONTAUGÉ

Par M. DUILHÉ DE SAINT-PROJET,

Membre résidant.

I

Ce n'est pas une chose commune de rencontrer un homme d'intelligence et de cœur, se passionnant, dès sa première jeunesse, pour une idée généreuse, pour une science féconde, pratique, bienfaisante; s'y consacrant avec toutes ses forces usées avant l'heure, succombant à la peine, et laissant, pour perpétuer sa mission, une œuvre écrite considérable et des œuvres vivantes, une théorie rationnelle complète et des faits victorieux, de savantes leçons et de grands exemples.

Plus on étudie, plus on pénètre cette vie prématurément interrompue, plus on est frappé de la forte et constante unité qui la caractérise. Louis-François-Marie Théron de Montaugé était né à Gailhac, le 24 septembre 1830; en 1852, il terminait ses études de Droit à Toulouse, recevait son diplôme de licencié impatiemment attendu, et se livrait sans retard comme sans réserve à son irrésistible vocation d'agriculteur. La mort seule, par le coup terrible qui nous a tous si douloureusement surpris, le 12 novembre dernier, a pu avoir raison de ce dévouement, de cette ardeur infatigables.

C'est cette période de vingt-trois années, si rapide, mais si utilement remplie, que je voudrais faire connaître.

Dès le début de sa carrière, M. Théron de Montaugé, sut unir le travail du cabinet au travail des champs, l'étude à l'expérimentation, les méditations assidues du théoricien aux rudes fatigues du cultivateur. Dans le même temps, sur le même chantier, il transformait un vaste domaine et il écrivait un beau livre. Pour plus d'ordre et de clarté, on nous permettra de le dédoubler un instant, et de distinguer tout d'abord l'écrivain de l'homme d'action ; après avoir étudié les idées et les théories, nous comprendrons mieux, nous apprécierons plus justement les faits et les actes.

II

Les écrits laissés par M. Théron de Montaugé sont très-nombreux, mais ils offrent tous une parfaite conformité de but et de doctrines. Depuis l'*Essai sur le régime commercial de la France*, et l'*Etude sur les classes inférieures de la société*, que notre confrère publiait à l'âge de 22 ans, jusqu'à son plus récent travail sur *la Crise agricole dans les pays à céréales*, les pages qu'il n'a cessé de produire ont toutes un lien commun, elles servent de préparation ou de complément à son principal ouvrage dont la notoriété est déjà aussi flatteuse que légitime : *L'Agriculture et les classes rurales dans le pays toulousain* (1).

---

(1) Voici la liste, par rang de date, des publications de M. Théron de Montaugé : *Essai sur le régime commercial de la France*, 1852 ; *Etude sur les classes inférieures de la société*, 1853 ; *Etude sur la civilisation méridionale*; *De l'agriculture chez les Grecs et les Latins*; *Lettre sur l'impôt progressif*; *Un hec-*

Ce serait donc les comprendre mal que de les étudier séparément ; l'ordre chronologique produirait ici une réelle confusion. Il sera plus sage, il sera plus pieux de respecter les grandes lignes que lui-même a tracées, et de grouper ses patientes recherches, ses nombreuses études, sous ces deux titres : l'Agriculture proprement dite, l'Economie rurale.

Une formule unique résume, depuis longtemps déjà, tout progrès, toute doctrine agricole : suppression de la jachère, telle doit être la devise de l'agronome digne de ce nom, le *delenda Carthago* du cultivateur. A cette formule, si simple en apparence, se rattache le système le plus vaste, la science la plus délicate et la plus complexe, car indépendamment des principes et des déductions qui lui sont propres, elle demande le concours de presque toutes les sciences physiques et naturelles.

On ne peut supprimer la jachère que par la réforme de l'assolement, c'est-à-dire par l'adoption d'une rotation savante, parfaitement adaptée aux diverses stations agronomiques, fesant alterner avec méthode les cultures améliorantes et les cultures épuisantes, prévenant l'invasion des mauvaises herbes par l'emploi savant, par le retour périodique des récoltes dérobées et des récoltes sarclées.

La réforme de l'assolement suppose, à son tour, non-

---

tare de betteraves, 1858 ; *Culture des topinambours*, 1859 ; *l'Agriculture en Angleterre*, 1859 ; *L'agriculture au Congrès méridional* ; *Les instruments à l'exposition nationale de l'agriculture*, 1860 ; *L'agriculture et le traité de commerce* ; *Les Ecoles primaires et l'agriculture*, 1861 ; *De l'espèce bovine* ; *Des espèces chevaline, mulassière et asine* ; *Des bêtes ovines dans la Haute-Garonne*, 1863-1867 ; *L'agriculture et les classes rurales dans le pays toulousain*, in-8º de 682 pages, 1869 ; *Eloge de M. Florentin Astre* ; *La culture sur le domaine de Périole*, 1871 ; *Esquisse historique sur M. A. de Massip*, 1873 ; *Eloge de M. Joseph Duplan*, 1874 ; *Etude économique sur le métayage*, 1874 ; *Observations critiques sur le projet de loi concernant l'enseignement élémentaire de l'agriculture*, 1875 ; *Eloge de M. Ed. de Capèle*, 1875 ; *La crise agricole dans les pays à céréales*, 1875 ; et plusieurs *Rapports* sur les concours des domaines, de labourage, etc, seulement la réforme des labours et partant des instruments de labourage, mais encore la pratique des amendements, l'emploi de fumures abondantes ; et celles-ci impliquent nécessairement une transformation dans l'élève du bétail, et dans la production des plantes fourragères. On voit quel immense programme contient ce seul mot, assolement, et comment il a pu devenir le *criterium* de toute bonne agriculture.

Le livre de M. Théron de Montaugé traite chacune de ces questions capitales avec le même soin, la même érudition, la même compétence. Sous ce premier rapport, il est comparable à nos meilleurs traités d'agriculture. Mais ce qui constitue son originalité, ce qui doit nous le rendre particulièrement précieux, c'est qu'il est adapté à la culture spéciale de notre sol ; les différents chapitres dont il se compose, renferment l'histoire, l'application, la transformation de la science et des procédés agricoles dans le pays toulousain (1).

Il débute par un tableau de l'agriculture méridionale, sous l'ancien régime, qui offre un intérêt à la fois triste et attachant. A cette époque du dix-huitième siècle, prise pour point de départ et pour terme de comparaison, la jachère dominait dans nos campagnes, et le blé qu'on n'avait pas su encore préserver de la carie, donnait en moyenne cinq se-

---

(1) Voici, par exemple, quelques rotations ou systèmes d'assolement indiqués pour les diverses stations agronomiques ou qualités de terrains de la Haute-Garonne.

Dans les vallées secondaires, terres d'alluvion, constituant les meilleurs fonds, dits *fonds de rivière*, — 1re année : plantes sarclées, maïs, pomme de terre avec fumure ; — 2e année : orge de printemps ou blé d'automne ; — 3e année : plantes fourragères légumineuses, trèfle, esparcette, vesces ; — 4e année : avoine ou blé d'automne.

Dans le pays de plaines où l'assolement biennal est en usage ; — 1re année : vesces ou pommes de terre fumées ; — 2e année : blé ; — 3e année : trèfle, esparcette fauchée, farouch pâturé ; — 4e année : blé ou avoine.

Sur les collines ou *terre-fort* habituées à l'assolement triennal ; — 1re année : maïs fumé ; — 2e année : blé ; — 3e année : vesces, trèfle, esparcette ; — 4e année : blé ou avoine.

tiers pour un ; les prairies artificielles étaient confinées sur de très-faibles étendues, le bétail insuffisant n'avait pour toute nourriture que le foin des classiques prairies, et de maigres dépaissances ; seul, le vin, faute de débouchés, se vendant six sols le péga, pouvait faire oublier quelquefois aux pauvres paysans, une détresse trop réelle.

Avec une direction mauvaise, des transactions commerciales difficiles, peu de capital, beaucoup d'impôts, la culture ne pouvait prospérer, et pourtant elle souffrait moins chez nous que dans les autres provinces, et l'agriculteur languedocien pouvait dire avec raison : « Je m'estime peu, quand je me considère, davantage quand je me compare. »

La première impulsion donnée à l'agriculture, dans le département, coïncide avec la fondation de notre Société ; et M. Théron de Montaugé, décrivant en détail, d'après les sources les plus authentiques, les progrès de l'assolement, des cultures, de l'outillage, de l'élève du bétail, de l'économie rurale, écrit notre propre histoire.

Nous avons retrouvé dans ces pages, avec le souvenir de leurs bienfaits, de leur dévouement, de leurs triomphes agricoles, les noms les plus honorés de ce pays. Nous ne pouvons les rappeler tous ici ; qu'il nous soit permis toutefois, en remontant aux époques terribles de notre origine, en pleine Convention, et en empruntant le langage du temps, de citer le citoyen Lapeyrouse, le citoyen Villèle, le citoyen Mac-Mahon. Grands citoyens en effet ; on se sent heureux de relever, dans ces formules un peu ridicules de l'étiquette jacobine, un éloquent hommage à ces nobles initiateurs de l'agriculture toulousaine.

III

M. Théron de Montaugé ne s'est pas seulement appliqué à développer l'art et la science agricoles, il s'est préoccupé plus encore de l'économie politique, de l'économie chrétienne. Dans la plus large moitié de son livre, il aborde, il discute les éléments essentiels de ce grand et terrible problème de la transformation sociale qui s'agite sous nos yeux : — La constitution de la propriété, le morcellement des grands domaines et ses conséquences, la loi des successions et le régime des partages ; le capital agricole, l'impôt foncier, les institutions de crédit, les assurances ; — le travail, les divers systèmes d'exploitation, fermage, métayage, faire-valoir, la rareté de la main-d'œuvre, la dépopulation des campagnes ; — les relations commerciales, les voies de communication et de transport, l'extension des débouchés, à l'intérieur et à l'extérieur, le régime de liberté et le régime de protection, etc.

Il est aisé de comprendre, par cette simple énumération, l'importance de telles études économiques ; elles témoignent d'ailleurs de la même érudition, de la même loyauté, de la même sagesse. On ne rencontre jamais, chez M. Théron de Montaugé, ces thèses de parti pris, ces opinions extrêmes qui entraînent fatalement à toutes les inconséquences, à tous les compromis, et qui finiront bien par se discréditer, je l'espère.

La justesse de son esprit se manifeste surtout dans les questions si ardues de la protection et du libre échange, qui divisent les économistes les plus éminents. Partisan, en principe, de la liberté commerciale, il n'admet pas son application générale, immédiate, absolue. S'il réclame la liberté complète pour l'introduction des machines destinées à suppléer les bras chaque jour plus rares et plus chers ; s'il critique et repousse le régime de l'échelle mobile, condamnée par l'expérience ;... il n'hésite pas à reconnaître que la culture de nos départements méridionaux a besoin d'être protégée dans une certaine limite ; qu'il n'est ni juste ni sage de désarmer le cultivateur du Sud-ouest devant la concurrence de producteurs étrangers, placés dans des conditions meilleures, sous le rapport du climat, du prix des terres, de la main d'œuvre et des charges publiques ; il refuse de tolérer, entre le prix des céréales et le prix du pain, un écart doublement onéreux pour les classes indigentes ; il demande que les tarifs de douane soient enfin réglés de façon à ne pas créer, en faveur des nations voisines, des priviléges exorbitants, principalement dans la culture et le commerce international des vins, où la France joue si clairement le rôle de dupe.

La crise économique et agricole qu'il décrivait naguère avec tant de vérité, ne deviendrait-elle pas plus alarmante, si, comme on l'assure, l'Amérique allait nous envoyer sur des vaisseaux construits tout exprès, de plantureuses et continuelles cargaisons de ces troupeaux de gros bétail, qui naissent, vivent et grandissent sans frais, dans ses prairies sans horizons ? Ne serait-ce pas enlever à l'agriculture, le plus sûr moyen, le seul peut-être qui lui reste de conjurer sa ruine ? (1).

(1) Diminution des revenus, augmentation des dépenses, telle est la formule exacte de la crise actuelle, dans les pays à céréales, constatée par des faits et des chiffres irréfutables. Pour la conjurer, M. Théron de Montaugé s'arrête principalement à trois moyens : la culture de la vigne, la production et la vente des plantes fourragères, l'élève du bétail.
Peut-être n'a-t-il pas suffisamment tenu compte, quant au premier moyen, non-seulement du phylloxera, qui semble défier tous les efforts de la science, mais encore de la dépréciation qui résulterait d'une extension démesurée de la vigne ; de la concurrence dont nous menace de plus en plus la culture étrangère jalouse des trésors que le raisin nous donne ; de l'état actuel des

Le libre échange est un idéal dont on doit se rapprocher le plus possible ; mais comme tout idéal, il ne saurait être totalement, universellement réalisé. S'il m'était permis d'employer des expressions un peu métaphysiques peut-être, mais très-usitées depuis quelque temps, je dirais que le libre échange est inattaquable en thèse, mais en hypothèse, c'est-à-dire dans la pratique vivante, dans l'application à chaque Etat, à chaque régime, à chaque civilisation particulière, il est nécessairement soumis à bien des restrictions, sans parler des interprétations complaisantes ou égoïstes.

règlements de transport et des douanes ? N'est-il pas à craindre, d'ailleurs, que la culture de la vigne ne provoque fatalement, plus que toute autre, le renchérissement de la main-d'œuvre ?

La production et la vente en grand des fourrages, constituent assurément une source de richesses pour celui qui possède un terrain favorable, peu éloigné des villes et des grandes routes, susceptible surtout d'être fécondé par l'irrigation. Mais ce sont là des conditions privilégiées. Et ici encore, une extension trop considérable n'amenerait-elle pas, malgré l'importation dans le Bas-Languedoc, la dépréciation de ce genre de produits ?

L'élève du bétail, voilà certainement un des moyens les plus sûrs de remédier à la crise agricole. Nous partageons pleinement ici les idées de M. Théron, et nous comprenons sa mauvaise humeur au sujet d'une production aussi utile que peu encouragée. « Dans la Haute-Garonne, dit-il, l'administration, trop » bien secondée en cela par le Conseil général, a tout refusé pour l'amélio- » ration de l'espèce mulassière... Cette erreur déplorable a coûté cher, hélas ! » à l'agriculture du sud-ouest, et même à cet intérêt général qu'on croyait naï- » vement servir en le sacrifiant... La question est complètement gagnée » devant les connaisseurs et devant le public ; quand triomphera-t-elle de la » routine administrative ? » (*La crise agricole*, etc., pp. 26 et 27.)

Il est certain que le petit propriétaire, l'éleveur intelligent de nos campagnes, préfère au cheval fin, qui n'a jamais enrichi personne, le *mulet de Gascogne*, sobre, alerte, solide, appelé à rendre de si grands services à nos équipages militaires, et qui se vend à six mois, tout autant qu'un cheval léger à l'âge de quatre ans.

M. Théron de Montaugé traite, en passant, des bons résultats du métayage bien entendu, de l'association entre le propriétaire et le colon. Dans son principal ouvrage, il parle à plusieurs reprises des avantages qu'il y aurait « à associer l'ouvrier à l'entreprise agricole. » Mais, à notre avis, il n'insiste pas assez sur ce point capital. Nous sommes convaincus, après des études attentives et une expérience déjà longue, que rien n'est plus propre à prévenir la désertion des campagnes, à conjurer tout à la fois la crise économique, agricole et sociale, que la *coopération agricole* (voir *Journal d'agriculture du Midi de la France*, janvier 1870. — *Journal d'agriculture pratique*, 6 novembre 1873.)

La libre Amérique et la libre Angleterre nous donnent en cela des leçons dont nous devrions profiter.

Chose singulière, l'âge chevaleresque est, dit-on, bien fini, et nous rions volontiers de nos ancêtres, s'écriant sur le champ de bataille de Fontenay : Messieurs les Anglais, tirez les premiers. Ce qui ne nous empêche pas de crier à notre tour sur cet autre champ de bataille, bien autrement important, de l'industrie, du commerce et de l'agriculture : Messieurs les Anglais, enrichissez-vous les premiers.

« L'amélioration du sort des classes pauvres, — nous dit M. Théron lui-même, — au milieu desquelles notre existence s'écoule, est l'œuvre privilégiée de notre vie; celle à laquelle nous avons voué la meilleure part de ce que Dieu nous a départi d'activité, d'intelligence et de fortune. »

Il ne faut donc pas s'étonner si les nombreuses pages, sur la pauvreté dans les communes rurales, sur les invalides de l'agriculture, sur l'insuffisance des institutions de prévoyance et de bienfaisance, sont celles qu'il a écrites avec le plus de cœur et d'émotion. Son parallèle entre les villes et les campagnes en matière d'assistance publique arrive à la véritable éloquence, et il serait difficile de n'être pas de son avis.

Les personnes vouées aux exercices de la charité ne songent guère à l'influence que doivent avoir des institutions de bienfaisance trop multipliées, des œuvres de luxe, qu'on me permette cette expression, sur la dépopulation des campagnes au profit des villes. A cette heure, dans nos grandes cités, le fils du peuple, dès sa naissance, avant même sa naissance, est traité en véritable enfant gâté. Les Sociétés de charité maternelle, les crèches, l'asile, l'école, le patronage, le cercle, la caisse d'épargnes, le secours mutuel, le prêt gratuit ;... il y a des institutions pour tous les âges, pour toutes les infortunes, des dispensaires pour toutes les infirmités. Certes, nous sommes loin de nous en plaindre, nous avons assez étudié et pratiqué ces œuvres pour en apprécier les immenses bienfaits. Mais nous croyons que leur économie pourrait et devrait être modifiée dans l'intérêt des classes laborieuses de nos campagnes.

Ainsi, par exemple, entre toutes les créations de la bienfaisance, l'orphelinat est une de celles qui permettent de lutter avec le plus de succès contre le fatal entraînement qui pousse l'ouvrier vers les villes; qui lui fait préférer l'obscure ruelle des faubourgs, le logement étroit et malsain, la lourde atmosphère et la servitude de l'atelier, à la lumière, à l'aisance, à la liberté des champs.

Il devrait se former parmi les hommes d'œuvres, une vaste conspiration pour repeupler les campagnes, pour retenir, pour attirer l'orphelin à la vie agricole. Ce serait travailler en même temps au bonheur de ces chers pupilles, au véritable progrès social, à la tranquillité, à la prospérité publique.

Dans une colonie agricole, en pleine nature, sous le vaste ciel et le regard de Dieu, le travail est plus fortifiant, la discipline plus facile et surtout la vie est moins chère. Si peu que vous obteniez, de la vendange et de la moisson, du potager, de la basse-cour, de l'étable, votre petite famille sera florissante et joyeuse.

Nous avons essayé de faire connaître l'œuvre écrite de M. Théron de Montaugé, pleine, substantielle, érudite et par-dessus tout sincère. Elle est de celles qu'on ne lit guère d'un trait, mais qu'on aime à consulter. C'est une véritable encyclopédie agricole à l'usage des cultivateurs lettrés de nos pays, et qui pourrait devenir un trésor populaire, en passant par les mains d'un vulgarisateur.

Au point de vue littéraire, le plan et la marche générale se ressentent un peu de l'immensité des recherches et des renseignements statistiques. Les faits si nombreux sont le plus souvent bien ordonnés, quelquefois pourtant ils s'entassent, et alors le style s'affaisse sous un tel poids, ou s'attarde au travers des chiffres. Mais on sent d'un bout à l'autre le même tempérament énergique, indépendant, presque irritable, la même rude franchise qu'on serait tenté de prendre parfois pour de la mauvaise humeur, mais qui n'est que l'expression d'une conviction profonde et d'un ardent désir de la communiquer.

Les Académies des Sciences et de Législation de Toulouse, la Société centrale d'agriculture, la Société d'encouragement à l'industrie nationale, l'Académie des sciences morales et politiques, l'Académie française, ont donné à l'écrivain agricole des récompenses qui sanctionnent tout éloge et consolent de toute critique.

Il nous reste à parler de l'agriculteur pratique ; voyons à l'œuvre le cultivateur et l'économiste chrétien.

IV

Rien n'est plus aisé à étudier que la vie agricole, le système d'exploitation, la comptabilité, les procédés de culture de M. Théron de Montaugé. Le Mémoire présenté à la Société concernant *Le domaine de Périole*, et l'étude plus récente sur *La crise agricole*, nous montrent tout à découvert et dans les plus minutieux détails : la contenance du domaine qui atteint maintenant 120 hectares ; la topographie et la nature du sol, les débouchés et les productions ; le capital consacré à l'exploitation ou aux améliorations qui s'élève à 782 fr. par hectare, tandis qu'il ne dépasse guère 330 fr. dans les fermes du pays ; les labours, les systèmes de drainage et d'irrigation; les amendements et les engrais, les moyens de transport, l'effectif des animaux domestiques évalué à 70 têtes de gros bétail; les bâtiments ruraux, les méthodes en usage pour la moisson, la préparation et la conservation des produits, les rendements année par année et les résultats financiers définitifs.

Il serait trop long, on le comprend bien, d'exposer et de discuter dans ses détails cette gestion active, intelligente, laborieuse de vingt-trois années, qui obtint à deux reprises la prime d'honneur dans les concours des domaines. Aussi nous contenterons-nous, — d'un épisode comme témoignage d'énergie intelligente et généreuse, — de quelques chiffres comme exemple des résultats obtenus. Voici l'épisode :

En 1872, une terrible épizootie, — la péripneumonie contagieuse, ayant fait irruption dans ses étables, M. Théron n'hésita pas à sacrifier 44 bêtes de choix, et à désorganiser sa vacherie, pour préserver du fléau la région environnante. Vous avez rendu publiquement hommage, conjointement avec le Tribunal de commerce, à cette noble conduite. L'intrépide cultivateur ne se laissa pas décourager par cet échec, il réorganisa sa laiterie, en important des vaches normandes qui ont parfaitement réussi, dans les environs de Toulouse, où cette race d'élite était auparavant à peu près inconnue.

Quant aux améliorations obtenues dans les rendements, à Périole, nous prenons pour exemple, la première des céréales, le blé.

Lorsque M. Théron de Montaugé, fort jeune encore, prit la direction de son domaine, le rendement moyen, pour une période de six années, avait été de 16 hectolitres à l'hectare, en chiffres ronds. C'était déjà satisfaisant, puisque le rendement ordinaire du pays était dépassé d'un hectolitre.

Quinze ans plus tard, de 1867 à 1870, le rendement

moyen est de 24 hectolitres à l'hectare, ce qui constitue une augmentation de 50 p. 0/0. N'oublions pas de remarquer ici, que, sur le domaine de Périole, la culture des céréales n'occupe que la seconde place, la première est réservée aux plantes fourragères.

Si l'on obtenait une amélioration analogue, sur les 7,373,000 hectares consacrés à la culture du blé, en France, toutes choses d'ailleurs restant ce qu'elles étaient dans ces dernières années, le revenu agricole serait augmenté, sur ce seul point, de près d'un milliard et demi. De tels calculs, de telles espérances sont chimériques, je le sais, mais on peut en rabattre, il en restera toujours assez pour montrer quels immenses services le cultivateur, le paysan, les sociétés d'agriculture sont appelés à rendre dans un pays comme la France.

V

La charité fut le principal, je pourrais dire l'unique mobile de la vie publique comme de la vie chrétienne de M. Théron de Montaugé. Il n'y a peut-être pas une seule de ses idées sur la prévoyance, sur l'assistance, sur l'économie charitable qu'il n'ait essayé de mettre en pratique. Il fonda, autour de lui, des écoles, des bibliothèques, des patronages, une ambulance de convalescents pendant la guerre, et plusieurs sociétés de secours mutuels. Pendant longtemps, une de ses préoccupations les plus vives avait été de voir les pauvres de la banlieue de Toulouse, considérés comme des étrangers par le bureau de bienfaisance de leur commune. Hors de l'octroi, point de secours ! Cette dure sentence provoquait chez lui une sorte d'indignation qui passa bientôt à l'état chronique. Il combattit de toutes ses forces ce qui lui paraissait un déni de justice, devant le conseil municipal, et plus tard au conseil général où il était le candidat officiel des pauvres et de la charité, il contribua pour une large part à le faire disparaître. Grâce à lui, vingt mille ouvriers de l'agriculture purent enfin participer aux secours du bureau de bienfaisance de Toulouse. Ce fut là son œuvre la plus chère, qu'il mettait bien au-dessus de ses cultures et de ses écrits.

Désigné comme président du comité de secours, dans la paroisse qu'il habitait, il a rempli ces fonctions pendant huit années, visitant lui-même tous les indigents, à leur domicile. Bien plus, et ceci touche à l'héroïsme : pendant une longue épidémie variolique, il n'est pas un malade, dans cette vaste circonscription, qu'il n'ait visité avec ses deux enfants, avec son fils et sa fille, à qui il voulait apprendre, en vrai père chrétien, à connaître le malheur et à pratiquer la charité.

Un dernier trait, messieurs, de la foi et de la piété de notre collègue. Nos églises catholiques s'ouvrent en hiver bien avant le jour. Autour de l'autel se groupe une assistance plus nombreuse qu'on ne croit, composée surtout de personnes pieuses, condamnées au travail pour le reste de la journée, et qui donnent à Dieu les seuls instants dont elles disposent. Pendant la saison la plus rigoureuse que M. Théron de Montaugé passait ordinairement à Toulouse, il se mêlait tous les matins à ces âmes d'élite, et entendait la première messe de la cathédrale.

La mort peut bien foudroyer, mais elle ne peut surprendre un tel chrétien.

Toulouse, imprimerie Douladoure, rue Saint-Rome, 39.

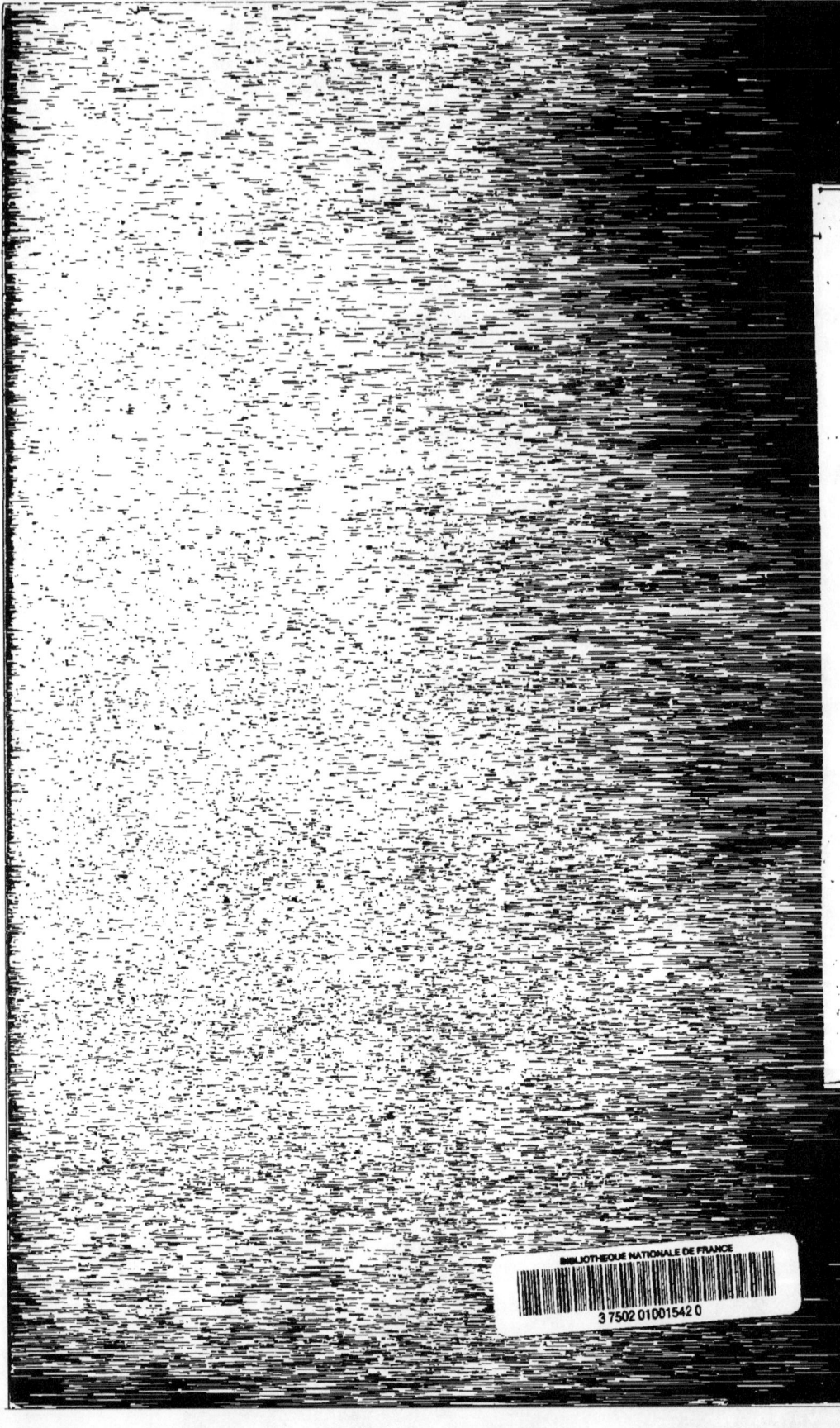

www.ingramcontent.com/pod-product-compliance
Lightning Source LLC
Chambersburg PA
CBHW060454050426
42451CB00014B/3322